BEI GRIN MACHT SICH IHR WISSEN BEZAHLT

- Wir veröffentlichen Ihre Hausarbeit,
  Bachelor- und Masterarbeit

- Ihr eigenes eBook und Buch -
  weltweit in allen wichtigen Shops

- Verdienen Sie an jedem Verkauf

**Jetzt bei www.GRIN.com hochladen
und kostenlos publizieren**

Bibliografische Information der Deutschen Nationalbibliothek:

Die Deutsche Bibliothek verzeichnet diese Publikation in der Deutschen National-
bibliografie; detaillierte bibliografische Daten sind im Internet über http://dnb.d-
nb.de/ abrufbar.

Impressum:

Copyright © 2015 GRIN Verlag, Open Publishing GmbH
Druck und Bindung: Books on Demand GmbH, Norderstedt Germany
ISBN: 9783656988175

Dieses Buch bei GRIN:

http://www.grin.com/de/e-book/337351/ueber-dialektisches-aufloesen-von-echten-
und-scheinbaren-widerspruechen

Daniel R. Kupfer

Über dialektisches Auflösen von echten und scheinbaren Widersprüchen

Widersprüche als Probleme

GRIN Verlag

GRIN - Your knowledge has value

Der GRIN Verlag publiziert seit 1998 wissenschaftliche Arbeiten von Studenten, Hochschullehrern und anderen Akademikern als eBook und gedrucktes Buch. Die Verlagswebsite www.grin.com ist die ideale Plattform zur Veröffentlichung von Hausarbeiten, Abschlussarbeiten, wissenschaftlichen Aufsätzen, Dissertationen und Fachbüchern.

Besuchen Sie uns im Internet:

http://www.grin.com/

http://www.facebook.com/grincom

http://www.twitter.com/grin_com

Projektarbeit

Universität Leipzig

(WS 2015)

Widersprüche als lösbare Probleme

Institut: Sozialwissenschaften und Philosophie

Studiengang: Master Philosophie

Modul: Probleme der philosophischen Logik 3

Seminar: Widerspruch 3 (Hegel)

Umfang: 41.702 Zeichen

Inhaltsverzeichnis

Einleitung 3

1. Situationen und Widersprüche 4

    1.1. Widersprüche im Denken 5

    1.2. Widersprüche im Handeln 6

    1.3. Ein spezieller Widerspruch: Sein & Nichts bei Hegel 7

2. Widersprüche als Probleme 9

    2.1. Widersprüche als Probleme des Denkens 9

    2.2. Widersprüche als Probleme des Handelns 11

    2.3. Ein spezieller Widerspruch als Problem in Hegels Logik 12

3. Die dialektische Integration von Widersprüchen 15

    3.1. Widersprüche als Motor der Dialektik 15

    3.2. Formen und Praxen der Integration von Widersprüchen 17

Zusammenfassung und Schluss 18

Literaturliste 20

Einleitung

In dieser Arbeit soll über verschiedene Arten und Erscheinungsweisen von Widersprüchen nachgedacht und reflektiert werden und zwar in einer sehr allgemeinen Art und Weise, um zuallererst Übersicht und Orientierung in diesem Bereich zu gewinnen. Es soll hier keine Literatur verglichen und auch keine bestimmte Position im Detail dargestellt werden, sondern es soll reflektierend ein Problem beschrieben und vielleicht auch teilweise gelöst werden, welches unter dem Titelwort „Widerspruch" bekannt ist. Die Untersuchung des Widerspruches wird dabei aus einer philosophischen, nicht aus einer streng logisch-mathematischen Perspektive erfolgen.

Es werden zunächst, verschiedene Arten von Widersprüchen (und Situationen in denen Widersprüche auftreten können) unterschieden und auf ihre allgemeine Struktur hin untersucht. Dabei werden paradigmatische Situationen skizziert, in denen Widersprüche und Widersprüchlichkeit auftreten. Danach werden diese Situationen einzeln und im Detail analysiert und die Art und Weise des Widerspruchs bestimmt, um in einem zweiten Schritt auf die Schwierigkeiten zu reflektieren, welche der bestimmte Widerspruch verursacht. Angenommen wird, dass Widersprüche im Allgemeinen problematisch sind und untersucht werden soll, auf welche Weise verschiedene Widersprüche problematisch sind. Wenn verschiedene solcher Situationen und die dazugehörigen Problemlagen beschrieben und analysiert sind, sollen diese systematisch geordnet werden. Widersprüche sollen als Probleme, z.B. als Kooperationsprobleme dargestellt und verstanden werden. Viele theoretische und praktische Probleme kann man (auf-)lösen, also sollen in einem nächsten Schritt Lösungen (bzw. Auflösungen) für diese Widersprüche erarbeitet werden. Dies erfolgt zunächst ganz konkret bezogen auf die jeweiligen paradigmatischen Situationen, anschließend soll allerdings auch versucht werden, eine vielleicht allgemeine Lösungsstrategie für Widersprüche zu ermitteln. Das übergeordnete Ziel ist also, Widersprüche als lösbare Probleme einer bestimmten Art zu begreifen, damit ein bloßer Abbruch von Handlungen oder Überlegungen, aufgrund des Auftauchens eines Widerspruches, überwunden werden kann. Es wird also versucht, um das Ganze Unterfangen etwas zu veranschaulichen, mit Widersprüchen, wie mit „Hindernissen", „Konflikten" oder anderen Problemen, umzugehen. Wenn Widersprüche mit Problemen strukturähnlich sind und wenn wir Probleme in der Regel verstehen und auflösen können, dann können wir das vielleicht auch mit Widersprüchen ähnlich handhaben. Wir können Probleme auch isolieren oder ignorieren, hier soll aber, wie mehrfach betont, ein Lösungsversuch unternommen werden.

Inspiriert ist die Idee zu dieser Arbeit, und ganz besonders die alsdann vorgeschlagene „Lösungsstrategie für Widersprüche", von einem gewissen Verständnis der Hegelschen Dialektik, welches im entsprechenden Kapitel noch näher erläutert wird. Die Grundidee dabei ist, dass es immer einen mehr oder weniger bestimmten Geltungsbereich für Aussagen, Urteile oder auch für Handlungsanweisungen gibt, welcher den Bezug z.B. einer Aussage näher bestimmt und diese überhaupt erst verständlich macht. Wir beziehen uns immer schon auf generisch gegebene begriffliche Standardverständnisse und Definitionen und ein implizites Hintergrundwissen, wenn wir Aussagen tätigen, Urteile fällen oder Handlungsanweisungen geben. Anders ausgedrückt: Wir besitzen als Teilnehmer an kooperativen Praxen, als gebildete Personen, immer ein gewisses Maß an theoretischer, semantischer, formaler und praktischer Urteilskraft, welche unsere Ausgangspunkte für die Auflösung der problematischen Widersprüche bilden. Ein Schwerpunkt der Betrachtungen wird auf der Darstellung und Interpretation eines speziellen Widerspruches zwischen den Begriffen „Sein" und „Nichts" liegen, wie ihn Hegel in seiner Logik formuliert.

1. Situationen und Widersprüche

Ein Widerspruch im Sinne dieser Arbeit entsteht, oder ist vorhanden, z.B. dann, wenn zwei sich ausschließende Aussagen, Urteile, oder Handlungsanweisungen sich auf den selben Geltungsbereich, noch genauer, auf den exakt gleichen „Ort" und die selbe „Zeit" in einem Geltungsbereich beziehen. Wenn dies der Fall ist, ist ein Widerspruch vorhanden und bildet ein Problem, weil unklar, oder undefiniert ist, welche Aussage (Urteil, Handlungsanweisung) denn nun gilt, oder befolgt werden soll. Dieses Problem soll gelöst werden, durch einen Rückgriff auf die intellektuellen Ressourcen, welche uns aus anderen Problemkontexten schon bekannt sind.

Die Idee ist, den Widerspruch nicht einfach nur „weg zu erklären", oder ihn auf welche Weise auch immer „los zu werden", oder ihn schlicht zu ignorieren, sondern ihn als ein Problem anzuerkennen und dieses durch eine Anreicherung bzw. Ausweitung des Geltungsbereiches (durch örtliche und/oder zeitliche Zusatzbestimmungen) neu in diesem zu positionieren. Das Ergebnis dieses Prozesses bzw. dieser Lösungsstrategie, ist dann ein(e) neue Aussage, ein neues Urteil, oder eine neue Handlungsanweisung, welche(s) komplexer und exakter ausgedrückt bzw. bestimmt werden muss - welche(s) konkreter und komplexer Bezug auf den nun angereicherten Geltungsbereich nehmen muss. Für mehr Klarheit und ein besseres Verständnis als diese abstrakten Vorwegnahmen wird hoffentlich die Anwendung eben dieser

„Strategie" auf konkrete Sachverhalte sorgen, welche nachfolgend vorgestellt werden sollen. Die beschriebene Anreicherung geschieht aus dem Hintergrundwissen heraus, welches wir als Menschen bereits haben. Die Idee ist also vereinfacht ausgedrückt, dass wir mit Widersprüchen umgehen können, weil wir unser Wissen und Handeln jederzeit modifizieren und diese Modifikationen auch kommunizieren können. So lösen wir Widersprüche dogmatisch oder pragmatisch, wie wir eben auch Probleme lösen. Dabei wird ein Begriff einer spezifischen Urteilskraft für widersprüchliche Situationen erarbeitet, welcher bei der Erklärung dienlich sein wird, warum wir mit Widersprüchen als Problemen umgehen können. Widersprüche sind meist an konkrete Situationen gebunden, sie tauchen in der Regel in einem bestimmten Kontext auf, z.B. im Denken und konkreter in Theorien.

1.1. Widersprüche im Denken

Widersprüche im Denken sind Widersprüche im „Raum des Geistes", darum sind sie bestimmte Phänomene, später auch Probleme, welche sich durch ihre spezifisch geistige Dimension, sozusagen prima facie, von Widersprüchen im Bereich der menschlichen Handlungen und natürlichen oder gesellschaftlichen Tatsachen abgrenzen lassen. Auf eine gewisse Weise sind diese Widersprüche harmlos, weil sie sozusagen im „Proberaum des Geistes" nur theoretische Probleme darstellen, ihre reale Wirkung ist zunächst indirekt, verzögert. Wir wollen diese Widersprüche hier auch nicht rein logisch und formal betrachten, sondern immer im Kontext einer material, also begrifflich-inhaltlich angereicherten „philosophischen Logik"[1]. Wir betreiben so eine überblicksartige Formenanalyse des Widerspruches.

Denken wir uns z.B. eine Situation, in der ein „Widerspruch im Denken" vollzogen wird, und zwar in der Form eines Gedanken, der z.B. ein Einzelding unter zwei sich widersprechende Begriffe bringt bzw. bringen will. Hier die beiden Gedanken/Urteile: „Dieser Mensch ist ein Tier." und „Dieser Mensch ist ein Gott". Wir setzten freilich voraus, dass derselbe Mensch gemeint ist. Hier kann man einen Widerspruch nur ausmachen, wenn ein Mensch nicht zugleich ein Tier und ein Gott sein kann. Ansonsten wäre gar kein Widerspruch formuliert. Es schließen sich also unmittelbar die Fragen nach den inhaltlichen Komponenten, oder eben „materialen" Voraussetzungen und begrifflichen Gehalten, dieser zwei (oder drei)[2] Begriffe

---

[1]Vgl. dazu auch Stekeler, Philosophie des Selbstbewusssseitns, S. 64 ff.
[2]Dieses X ist ein Mensch ist ein Urteil, bei dem ein Eizelding zunächst unter den (besonderen) Begriff "Mensch" gebracht wird. Auf die Unterscheidung von Eizelnem, Besonderem und Allgemeinen soll hier nicht näher eingegangen werden. Der Einfachheit halber haben wir im Text den konkreten Menschen als ein logisches Einzelding verstanden, welches zugleich unter zwei andere Begriffe gebracht werden soll.

an, ohne welche man dieses Aussagenpaar gar nicht als einen „echten" Widerspruch identifizieren kann. Über die Problematik bei der Unterscheidung zwischen „echten" und „unechten" Widersprüchen wird später noch zu sprechen sein. Was dem Begriff nach ein „Gott" und was ein „Tier" ist, kann nur durch eine generische Begriffsanalyse explizit gemacht werden, die niemals logisch allgemein, sondern immer nur allgemein im Sinne der eben in der jeweiligen Sprechergemeinschaft geltenden und anerkannten begrifflich-materialen Gehalte. Was ein Gott ist, dass weiß ein Mensch, der sprachlich und denkerisch auf der Höhe seiner eigenen Denkkultur und Bildung ist. Spätestens hier wird auch klar, warum es erhebliche Probleme bei der Identifikation echter materialer Widersprüche gibt, da die Begriffsexplikation erstens von der Fähigkeit und Bildung des jeweiligen Menschen abhängt, der diesen Widerspruch nachweisen, oder aber systematisch integrieren will, und weil diese Gehalte eines Begriffes historisch differieren. Wir haben hier einen „Widerspruch im Denken" als Problem in einem ebenfalls problematischen Kontext.

1.2. Widersprüche im Handeln

Unter Widersprüchen im „Raum des Handelns" wollen wir jene Widersprüche verstehen, bei denen zwei Handlungen sich material-logisch widersprechen. Wenn ein Mensch z.B. einen anderen Menschen zugleich durch einen entsprechenden Sprechakt für eine Tat lobt und kritisiert, und wenn sich das Lob und der Tadel auch noch auf dieselbe Tatsache/Handlung des Beurteilten beziehen, könnte man von einem widersprüchlichen Handeln vonseiten der urteilenden Person sprechen. Dass das hörbare Beurteilen ein Handeln (es ist sogar ein soziales Handeln), also ein verbaler Zug in einem komplexen sozialen Spiel, welches gewissen generischen Regeln folgt, ist, wird hier zunächst einfach vorausgesetzt, nicht erklärt oder bewiesen.

Will man nun einen solchen Widerspruch feststellen, muss festgestellt werden, was die beurteilte Person denn nun eigentlich wirklich getan hat. Außerdem muss die Passung der Begriffe des Urteilenden auf die Tat überprüft werden, was analog zum Beispiel des „Widerspruches im Denken" zu genau denselben begrifflichen Problemen führt. Hinzu kommt das Problem, dass sowohl die Handlung des Beurteilten widersprüchlich sein kann, als auch das Urteil des Beurteilenden über diesen. Hier haben wir gleich mehrere Probleme, denn wenn es einen realen Widerspruch gibt, den wir an- bzw. aussprechen wollen, so müssen wir den realen Widerspruch durch einen Widerspruch darstellen, eben weil unsere Beschreibung das Phänomen (dem Ideal nach) deckungsgleich abbilden soll. Kann man aber einen realen Widerspruch überhaupt verstehen, kann man ihn tun? Wir haben hier Widersprüche im

6

Handeln selbst und auch beim Beurteilen von eventuell widersprüchlichen Handlungen als Probleme.

1.3. Ein spezieller Widerspruch: Sein & Nichts bei Hegel

Dieser im Titel als „spezieller Widerspruch" benannte Widerspruch ist eigentlich ein sehr allgemeiner Widerspruch, er ist im Rahmen dieser Arbeit ein konkretes Beispiel aus der Philosophiegeschichte. Hegel setzt - das sagt er explizit im Vorwort - in seiner Logik[3] die Lektüre und das Verständnis des in der Phänomenologie des Geistes erarbeiteten wissenschaftlichen „Standpunktes" voraus. Dieser kann hier nicht erörtert werden, dieser Hinweis soll lediglich belegen, dass Hegel seine Logik nicht voraussetzungslos beginnt. So ist auch der Fortgang der Logik meines Erachtens nicht zu verstehen als ein lückenloses und formal-logisch notwendig[4] verlaufendes System. Eher entspricht jenes Projekt einer Explikationsbewegung, welche durch eine Widerlegung zu enger Begriffe sich stetig fortentwickelt. Hegel stellt uns in der Logik auf diese Weise der Reihe nach Begriffe vor, welche nicht verstanden werden können, ohne über sie hinaus auf andere Begriffe und Begriffsverhältnisse zu verweisen und überzugehen. Er arbeitet sich von abstrakten und bestimmungsarmen Begriffen zu komplexen Begriffen (und systematischen Verhältnissen dieser zueinander) empor. Man muss die Phänomenologie des Geistes und auch auch die Logik also vom Ende her verstehen. Die Widersprüche sind unecht, weil sie überwunden (aufgehoben) sind und was uns als Widerspruch vorgestellt wird, ist nur eine Abstraktion eben jener konkret-komplexen Begriffe und Verhältnisse, in welchen „später" alle vorherigen Begriffe der Reihe nach aufgelöst werden.

Der Widerspruch zwischen dem „Sein" und dem „Nichts", welcher in ein „Werden" aufgelöst wird, soll jetzt kurz skizziert werden. Auch hier gilt wieder, dass es sich um eine grobe Skizze des Sachverhaltes handelt, da nicht Logik im Sinne einer mathematisch exakten Analyse betrieben werden soll, sondern Widersprüche (und jetzt dieser spezielle Widerspruch) als Probleme in Problemsituationen begriffen werden sollen, um in einem zweiten Schritt eine „Lösungsstrategie" anzubieten.

---

[3]G.W.F. Hegel, Wissenschaft der Logik, 1986.
[4]Stekeler Weithofer spricht oft im Zusammenhang mit Hegels Logik von der "Notwendigkeit" als einem "Not abwenden", dieser Interpretation schließe ich mich ausdrücklich an. Was freilich die Geltungsansprüche in Sachen konsitenter Beweisführung sehr einschränkt, oder pragmatisiert. Hier liegt dann auch eine der Quellen der Idee, Widersprüche als Probleme begreifen zu wollen, für die man eine Lösungsstrategie haben kann.

Es wurde bereits angedeutet, dass wir Hegels denkerisches Voranschreiten und begriffliches Explizieren in seinem Verlauf als „notwendig" im Sinne von eine „Not abwenden" verstehen wollen. Eine „zu wendende" oder „abzuwendende Not", die Hegels Philosophie (Denkbewegung) sowohl in der Phänomenologie des Geistes[5] als auch in der Logik quasi permanent abwendet, ist die Erklärungsnot, in die eine irgendwie beschränkte geistige bzw. begriffliche Position geraten kann.

Die These ist nun: Ein Widerspruch, der Art, wie er zwischen „Sein" und „Nichts" von Hegel formuliert wird, ist ein Beispiel oder Ausdruck einer solchen Erklärungsnot, die im Begriff des „Werdens" aufgelöst wird. Freilich nur, bis dieser neue Begriff reflektierend und denkend an seine eigenen material-logischen Grenzen vorangetrieben wird. Dass für die anstehenden und erfolgten Betrachtungen nur ein winzig kleiner Ausschritt aus Hegels System betrachtet wird, bringt alle bekannten Probleme[6] mit sich, die sich eben nicht vermeiden lassen, wenn man diesen gewaltigen Stoff eben dennoch angehen will.

Hegel schreibt in der Logik, im Ersten Abschnitt zur Qualität über das „Sein" folgendes:

„Sein, reines Sein – ohne alle weiten Bestimmungen. In seiner unbestimmten Unmittelbarkeit ist es nur sich selbst gleich und auch nicht ungleich gegen Anderes, hat keine Verschiedenheit innerhalb seiner, noch nach außen. [...]"[7]

Weiter stellt uns Hegel den Begriff des „Seins" als rein und ununterschieden vor. Direkt im Anschluss an die Beschreibung des Begriffs des Seins wird der Begriff des „Nichts" wie folgt vorgestellt:

„Nichts, das reine Nichts; es ist einfach Gleichheit mit sich selbst, vollkommene Leerheit, Bestimmungs- und Inhaltslosigkeit; Ununterschiedenheit in ihm selbst. [...] Nichts ist somit dieselbe Bestimmung oder vielmehr Bestimmungslosigkeit und damit überhaupt dasselbe, was das reine Sein ist."[8]

---

[5] Die "Phänomenologie des Geistes" überwindet permanent "geistige Positionen" oder "Formen des Bewusstseins" dadurch, dass diese ein Problem, mit dem sie konfrontiert sind, nicht Kraft der ihnen gegeben Mittel bewältigen bzw. überwinden können, auf diese Weise entwickelt sich der Geist. Der Widerspruch oder Selbstwiderspruch, scheint der "Motor der Dialektik" zu sein, wenn diese Metapher erlaubt ist. Man kann auch sagen: Diese geistigen Positionen können nicht ohne ein Hinzuziehen anderer Begriffe erklären was sie selbst sind.

[6] Das Problem z.B., dass dabei vom Kontext abstrahiert wird, der aber bedeutungstragend für die in ihn eingebetteneten Theorie-Teile ist. Im Ramen dieser Arbeit müssen diese Probleme in Kauf genommen werden. Der Anspruch ist auch nicht, Hegels Dialektik zu erkären, sondern Widersprüche als Probleme darzustellen, wobei der Verweis auf den Widerspruch von "Sein" und "Nichts" nur als ein Exempel dienen soll.

[7] G.W.F. Hegel, Wissenschaft der Logik, 1986, S. 82.

[8] G.W.F. Hegel, Wissenschaft der Logik, 1986, S. 83.

Versuchen wir die theoretische Situation zu beschreiben, in der wir uns befinden: „Sein" und „Nichts" gelten als zwei entgegengesetzte Begriffe. Wir sagen entweder, dass etwas ist, oder dass es nicht ist. Es kann nicht sein, dass etwas zugleich ist und nicht ist. „Sein" und „Nichts" können sich außerdem nicht problemlos auf denselben Geltungsbereich, auf die selbe Entität oder das selbe Ding beziehen.

Man könnte diesen (inhärenten) Widerspruch folgender Maßen formulieren: „Das Sein und das Nichts sind identisch." oder: „Das Sein und das Nichts sind genau gleich bestimmt." Wir haben einen Widerspruch als Problem, denn Hegel führt zwei vermeintlich[9] verschiedene Begriffe als gleiche ein.

2. Widersprüche als Probleme

Im Kapitel „Widersprüche als Probleme" sollen nun die Situationen und Fallbeispiele aus dem ersten Kapitel wieder aufgenommen werden und es soll untersucht werden, welche Art von Problem durch den jeweiligen Widerspruch entsteht. Dieses Problem soll begrifflich erfasst und möglichst genau ausformuliert werden. Die Idee ist, dass sich durch eine möglichst präzise Beschreibung eines solchen Problems auch Lösungen oder Lösungsstrategien zeigen werden. Es wird sich hoffentlich zeigen lassen, inwiefern man davon sprechen kann, dass ein richtig expliziertes und begriffenes Problem, hier sind es die verschiedenartigen Widersprüche, seine Lösung quasi schon in seiner eigenen Beschreibung enthält. Das soll an den drei Problemsituationen „Widersprüche in der Theorie", „Widersprüche im Handeln" und am Fall des „speziellen Widerspruchs in Hegels Logik" versucht werden. Die „dialektische Lösungsstrategie" wird in Kapitel 3 dann als ein Versuch der Verallgemeinerung dieser Probleme und Lösungen vorgestellt.

2.1. Widersprüche als Probleme des Denkens

Widersprüche im Denken hatten wir als Widersprüche im „Raum des Geistes" bezeichnet, welche eine gewisse Vorläufigkeit und auch Harmlosigkeit aufweisen, weil sie so eine Art „Probehandlung" (da sie zunächst nur im Geiste/Bewusstsein stattfinden) darstellen. Das Problem, welches ein Widerspruch im Denken aufwirft, ist dennoch die vielleicht

---

[9]An dieser Stelle soll noch nicht darüber befunden werden, ob die Begriffe "Sein" und "Nichts", so wie Hegel sie einführt, nicht vorn vornhinein gleichbedeutend wären, also ob nicht ein rhetorischer Trick vorliegt. Für ein solches Urteil, oder eine solche Behauptung, sollen sie gerechtfertigt sein, fehlt es im Kontext dieser Arbeit schlicht an semantischer Urteilskraft und Überblick in Bezug auf das System, zu welchem diese Text- und Theorieteile angeordnet sind.

interessanteste Form des Widerspruches, gerade für die philosophische Logik, aber auch in der Gedankenwelt des Alltags. Beim speziellen Widerspruch (Hegel) handelt es sich ebenfalls um einen Widerspruch im Denken, welcher aber auch ontologisiert[10] verstandenen werden kann. Freilich, für die Moralphilosophie und Ethiken sind die Widersprüche im Denken, als auch die im Handeln von Bedeutung. Die Widersprüche im Denken als Probleme sind Orientierungsprobleme. Wie in 1.1. dargestellt, kann man solche Probleme nur auflösen, wenn die material-begrifflichen Gehalte der verwendeten Begriffe und die Situation als bekannt vorausgesetzt werden. Also ist Arbeit am Begriff, eine Explikation von Sinn und Bedeutung ein Teil der genauen Bestimmung eines Widerspruches, den wir ja gerade nicht als abstrakt-logisch und rein formal ansehen wollen. Wir hatten festgehalten, dass für die Unterscheidung in echte und nur scheinbare Widersprüche Bildung (als Kenntnis der generischen Begriffe der eigenen Epoche) und semantische wie auch formale Urteilskraft Voraussetzung sind. Damit wären einige Kontextprobleme von Widersprüchen im Denken skizziert.

Die in der Einleitung vorgestellte Lösungsstrategie arbeitet nun genau mit den Differenzen in der Verfügbarkeit und Explizierbarkeit von Begriffen und Widersprüchen. Greifen wir auf den Widerspruch zurück, dass ein Mensch zugleich ein Tier und ein Mensch sein soll, so war das Problem, dass wir nun nicht genau wissen, was dieser Mensch ist. Daraus folgen diverse Orientierungsprobleme in Theorie und Praxis. Man kann z.B. folgende Fragen nicht beantworten: Wie soll man diesen Menschen behandeln, als einen Gott oder als ein Tier? Was kann dieser Mensch wissen? Was kann ich von ihm erwarten? usw. Stören wir uns nicht an diesem merkwürdigen Beispiel, es soll nur die Art der Probleme andeuten, die aus dem Problem mit dem Widerspruch in der Zuordnung folgen. Dabei ist auch klar, dass eben diese Fragen sich nicht beantworten lassen, mit einem Verweis darauf, dass das doch klar sei, eben weil x ein Mensch sei und wir von Menschen diese Dinge doch eigentlich wissen. Wer das sagt, der hat das Beispiel allzu ernst genommen. Es soll hier nur die allgemeine Hilflosigkeit und Orientierungslosigkeit, in Bezug auf die Sache über die wir ja Informationen wollten, ausformuliert werden, welche aus Widersprüchen im Denken folgen. Zu einer möglichen Auflösung einiger Probleme von Widersprüchen im Denken sei auf das Kapitel der dialektischen Integration von Widersprüchen verwiesen.

Eine Anmerkung noch: Das Widersprüche im Denken in Sätzen ausformuliert werden, dass der sprachfähige Mensch in Sätzen und satzähnlichen Strukturen denkt, wird hier als wahr

---

[10]Wenn nämlich bei Hegel die Welt als Geist gedacht wird, so ist jede Bewegung des Geistes auch eine der Welt. Ob man das so einfach, also im Sinne einer Identität von Welt und Geist denken kann, ist streitbar und vieles spräche wohl dagegen. Eher ist wohl gemeint, dass alle Weltbezüge für einen Menschen geistig-begriffliche sind, er also die Welt immer nur in diesem Sinne vermittelt erfasst, aber das soll hier nicht eigentlich das Thema sein.

vorausgesetzt. Denken und Sprechen sollen im Rahmen dieser Arbeit als nahezu gleiche Phänomene betrachtet werden, die begrifflichen Differenzen zwischen ihnen sind also zu vernachlässigen. Spricht ein Sprecher einen Widerspruch aus, ist es etwa so, als ob er ihn laut denkt. Das Problem des Widerspruchs im Denken verlässt aber nun den „geistigen Proberaum" des Denkenden, dieser wird nun zu einem Sprecher, der im Normalfall zu einer Sprechergemeinschaft spricht. So wird der Widerspruch als Problem im Denken zu einem Widerspruch als Problem im Handeln.

2.2. Widersprüche als Probleme des Handelns

Wir hatten unter 1.2. (Widersprüche im Handeln) festgehalten, dass es sich bei Widersprüchen im Handeln, z.B. im Falle von widersprüchlichen Sprechakten, um widersprüchliches (soziales) Handeln handelt. Wichtig war dabei, dass der genaue Bezug (z.B. des Sprechaktes) gegeben ist, das galt für das Urteil über ein widersprüchliches Handeln, wie für die beurteilte widersprüchliche Handlung selbst. Man kann einen widersprüchlichen Sprechakt performen, aber man kann auch eine widersprüchliche andere (soziale) Handlung tun. Um den Bereich unserer Analyse etwas einzuschränken, greifen wir uns einen möglichen Fall heraus. Es soll nun ein generischer Fall (eine Handlungsform) eines widersprüchlichen Sprechaktes als ein problematisches Handeln untersucht werden und es soll ermittelt werden, auf welche Weise ein solcher Sprechakt problematisch ist.

Wenn eine Person A über eine Person B öffentlich behauptet, dass diese Person in Bezug auf die generische Situation[11] X negativ (im Sinne von schlecht bzw. lasterhaft) gehandelt hat und wenn Person A über Person B zugleich behauptet, dass sie in dieser Situation X positiv (im Sinne von gut bzw. tugendhaft) gehandelt hat, haben wir einen Widerspruch im Handeln vorliegen. Man bekommt sogleich mehrere Probleme: Um nämlich genau festzustellen, ob es sich um einen echten oder unechten Widerspruch handelt, muss man einige Fragen beantworten: Nämlich, ob das beschriebene Handeln von Person B tatsächlich widersprüchlich war und ob das überhaupt möglich ist. Wenn Person B einen Widerspruch performt hat, dann muss in der Beschreibung durch Person A, wenn deren Sprechakt dieses Verhalten abbilden will, dieser Widerspruch auch ausgesagt werden. Es ist also zunächst die Frage zu beantworten, ob man einen realen Widerspruch performen kann. Angenommen das

---

[11]Generische Situation meint hier typische Situationen wie z.B. das "sich für einen Fehler entschuldigen" oder das "sich in einer Schlange anstellen". Solche Situationen sind uns allgemein (also zumindest allg. Sinne von innerhalb unserer Kultur und Epoche) bekannt und wir können (weil wir inmitten solcher Praxen stehen und an ihnen teilhaben) gelungene Vollzüge von Handlungen innerhalb solcher Situationen von misslungenen unterscheiden.

geht und Person B performt einen echten Widerspruch, dann ist es zunächst leicht, diese Situation auch sprachlich und handelnd im Form eines Sprechaktes abzubilden, denn dazu muss man eben nur den realen Widerspruch ausdrücken. Ein erhebliches Problem stellt allerdings das Begreifen als ein Nachvollziehen im Sinne einer Praxis des Gebens und Nehmens von Gründen[12], die auch noch möglichst gut und überzeugend sein sollen. Wenn jemand eine nicht widersprüchliche Handlung erklären soll, so wird ihm das keine großen Probleme bereiten. Wenn aber jemand einen Widerspruch performt hat, so kann er diesen zwar beschreiben, aber er kann ihn schwerlich in ein Erklärungsmodell seiner Ziele und Motivationen einbinden, weil er sich dabei für eine der beiden Teilhandlungen entscheiden müsste, damit er konsistent eine Frage nach den Gründen seiner Handlung beantworten kann. Es sei denn er wollte einen Widerspruch performen, dann kann er aber eben nur ein unmittelbares Telos seines Strebens angeben und fällt auf eine gewisse Weise aus dem rationalen Diskurs und der Praxis des Gebens und Nehmens von (guten/überzeugenden) Gründen heraus, zumal wenn die Nachfragen eben gerade darauf abzielten, das Verhalten dieser Person in einem sozialen und motivationalen Ganzen[13] zu verorten. Wer einen echten Widerspruch in diesem Sinne performt, ist nicht orientiert, er hat ein Orientierungsproblem, weil er nur erklären kann, dass er etwas tut, nicht aber warum. Er kann seine Handlungsgründe jedenfalls nicht in einem Kontext sinnvoller Ziele und weiterer Handlungen begreifen und kommunizieren.

Wenn es sich allerdings nur um einen scheinbaren Widerspruch, also um eine falsche Selbsteinschätzung bezüglich des eigenen Handelns, oder um eine falsche oder fehlerhafte Beobachtung durch andere handelt, dann sei auf die „Methode" der dialektischen Integration verwiesen, welche mit solchen Widersprüchen umzugehen versucht.

2.3. Ein spezieller Widerspruch als Problem in Hegels Logik

Wir gehen zunächst, wie Tayler in seiner Beschreibung[14] der dialektischen Kategorien, davon aus, dass die dialektische Bewegung der Begriffe gezeigt werden muss, deren Grund oder Ursprung der Widerspruch ist. Wie bisher in dieser Arbeit gehandhabt, soll auch weiterhin nicht inhaltlich eng an einer Textvorlage (sei es der Einführung von Tayler oder der Originaltext der Logik von Hegel) entlang gearbeitet werden, sondern es soll auf einfache

---

[12]Vgl. dazu auch Robert B. Brandom, Eine Einführung in den Inferenzialismus, S.105 ff.
[13]Gemeint ist mit "Ganzem" schlicht der intersubjektive begriffliche und normative Bezugsrahmen von Menschen als Teilnehmer an sozialen Praxen und als Teilnehmer an einer gemeinsamen Kultur und Lebensform.
[14]Vgl. dazu Charles Tayler, Hegel, 1983, S. 300.

und dennoch einleuchtende Weise eine Interpretation dieses speziellen Widerspruches versucht werden. Gezeigt werden soll, dass die Kategorie „Sein" nicht nur widersprüchlich ist, wie Tayler behauptet[15], sondern dass wir diese Kategorie gar nicht verstehen können, wenn wir sie nicht auf eine weitere beziehen. Das „Sein" als Begriff lässt sich logisch und inhaltlich nur in einem Kontext begreifen und um diesem Begriff einen auch nur minimalen Kontext zu geben, muss man nach der Grenze des Begriffes fragen. Das heißt, wenn man wissen will, was der Begriff (oder überhaupt ein Begriff) bedeutet, so muss man auch wissen, was nicht unter diesen Begriff fällt. Das scheint einleuchtend und ebenso leuchtet auch ein, dass ein Begriff sich niemals selbst erklären kann, er braucht notwendig eine Relation zu weiteren Begriffen, die ihn näher bestimmen, oder zumindest logisch negativ begrenzen. So ist das „Sein" gemeinhin, oder in einem bestimmten Sinne, als das Gegenteil von „Nichts" definiert, anders ausgedrückt: Das „Sein" verstehen wir, im Sinne eines Minimalverständnisses[16], zunächst nur in einer Relation zum Begriff „Nichts" und umgekehrt. Das artikuliert ein Problem des Begreifens von Begriffen, aber es ist noch nicht Ausdruck unseres speziellen Widerspruches als Problem, auch wenn der bereits in seinen Konturen zu erkennen ist. Denn, wenn wir den Begriff des „Seins" nur in Abgrenzung zum Begriff des „Nichts" überhaupt sinnvoll denken können, dann müssen beide Begriffe zugleich verfügbar sein und Hegel kann nicht erst den einen und später den anderen aus dem einen entwickeln, wenn er nicht ein Paradox des Anfangs[17] erzeugen will.

In dieser Arbeit wird die These vertreten, dass Hegel einer Explikationsbewegung folgt, welche gar nicht so zu verstehen ist, wie es unser erster Versuch hier skizzierte. Viel mehr, und dabei folgen wir den Ausführungen Pirmin Stekeler-Weithofers[18], hat Hegel immer schon einen angereicherten Begriff vorausgesetzt, aber noch nicht expliziert, welchen er dann in seine Momente (als Abstraktionen) zerlegt. Dabei geht Hegel quasi rückwärts und vorwärts zugleich, er reichert Begriffe an, indem er sie als zu abstrakt und unzulänglich durch einen komplexeren Begriff aufhebt, wobei der Weg der Anreicherung und Aufhebung mit im neuen Begriff enthalten bzw. aufbewahrt wird. Hegel unternimmt demnach permanent eine Anreicherung „bedeutungsarmer" Begriffe durch reichere. Er analysiert einen abstrakten

---

[15]Vgl. dazu Charles Tayler, Hegel, 1983, S. 300.

[16]Minimalverständnis im Hegel'schen Sinne wäre wohl so etwas wie ein abstraktes, ein bestimmungsarmes Verständnis, dem eine folgende (noch zu leistende) Explikation der Bestimmungen erst einen konkreten und komplexeren Gehalt verleiht oder zuschreibt. Man denke hier auch an den kleinen Aufsatz Hegels "Wer denkt abstrakt?".

[17]Es kann nicht nacheinander begrifflich entwickelt werden, was ein wechselseitiges begriffliches Verhältnis für genau jene Begriffe voraussetzt. Es sei denn, es handelt sich bei dem jeweiligen Text nicht um eine streng logisch-chronologische Entwicklung von Begriffen, sondern um eine Explikationsbewegung!

[18]So stellt P. Stekeler-Weithofer es u.a. beim Philosophischen Kolloqium der Universität Leipzig und auch in den Seminaren zu Hegels Logik mündlich dar. Ich muss diese mündliche Quelle freilich angeben, da es nicht fair wäre, diese Inspiration, nur weil sie in diesem Fall mündlich erfolgte, wegzulassen.

Begriff und prüft ihn auf seinen Gehalt und seine Grenze und arbeitet sich denkend über diesen hinaus, wobei diese Denkarbeit ihre Konsistenz in der „Explikationsbewegung" daher gewinnt, dass der reichere Begriff oder am Ende sogar die begriffliche Totalität bereits von ihm vorgedacht wurden. So viel zur Ansicht über die Hegelsche Herangehensweise in Sachen Begriffsentwicklung. Wenn man will, so kann man sagen: Hegel löst permanent begriffliche Probleme durch systematische Einordnung der Begriffe in ein Begriffssystem, welches jedem abstrakten Begriff einen Ort im System zuweist und ihn so mit Bedeutung und Referenzen anreichert.

Zurück zum Beispiel, welches wir uns aus der Logik zur Veranschaulichung ausgesucht hatten. Der Widerspruch zwischen „Sein" und „Nichts", welcher dadurch zum Problem wird, weil beide Begriffe auf einen gemeinsamen „Ort" oder Geltungsbereich angewendet werden, ist ein spezieller Widerspruch als Problem. Wir können, wenn wir dem gerade vorgestellten Interpretationsansatz folgen, sagen, dass Hegel das Problem löst, indem er den Geltungsbereich bzw. den „Ort" im System seiner Begriffe umsortiert. Die Begriffe „Sein" und „Nichts" sind so bestimmt, dass sie einander sehr ähnlich sind, womit Hegel sie sie als gar nicht total gegensätzlich ausweist. Der Begriff des „Werdens" ist als „Einheit des Seins und des Nichts"[19] so bestimmt, dass er den richtigen „Ort" im System darstellt, in dem der Widerspruch von „Sein" und „Nichts" als solcher aufgehoben ist. Das „Werden" ist das Übergehen von einem Begriff in den anderen. Der Widerspruch von „Sein" und „nichts" ist anerkannt und in einem gewissen Sinne zugleich überwunden worden. Das wirkt wenig mystisch oder undurchsichtig, wenn man davon ausgeht, dass das „Werden" ohnehin als Zielbegriff vorgedacht war, welcher nur wegen der Darstellung und der Explikationsbewegung (sozusagen „seiner selbst") in eben seine abstrakteren Momente zerlegt worden ist.

Etwas zugespitzt formuliert: Hegel löst hier im wesentlichen Probleme, die er vorher genau zu diesem Zweck durch Abstraktion erschaffen hat.[20] Das ist nicht etwa unsinnig oder ein verwegener Trick, nur weil es eben keine konsistente und strenge Logik in einem gewissen Verständnis ist, es ist eine Methode, die einen Überblick und Orientierung im Denken verschafft und einem dabei lesend an der Denk- und Explikationsbewegung teilhaben lässt, nämlich eine schrittweise Darstellung komplexer Begriffe, die für ihr transparentes Verständnis einfachere und abstraktere Begriffe voraussetzen, welche sich aber wiederum nur

---

[19] G.W.F. Hegel Logik S. 83.
[20] Auch in der Phönomenologie des Geistes kommt dieser "move" immer wieder vor, wenn er nicht (und davon bin ich überzeugt) die Methode des dialektischen Denkens Hegels schlechthin ist. Vgl. dazu auch Hegel, Phänomenologie des Geistes, 1986, S. 325.

verstehen lassen, wenn man diese in ein Verhältnis zu eben jenen komplexeren Begriffen stellt. Man könnte sagen, Hegel hat mit seiner Dialektik, die stets über die Grenze eines zu erklärenden Begriffes hinaus strebt, ein Darstellungsproblem gelöst.

3. Die dialektische Integration von Widersprüchen

Bei der dialektischen Integration von Widersprüchen, wie sie hier vorgestellt werden soll, handelt es sich um den Versuch, eine Möglichkeit oder „Methode" vorzustellen, wie mit Widersprüchen als Problemen umgegangen werden kann. Es geht nicht darum eine neue oder besonders elaborierte Weise des Umgangs oder der Auflösung mit/von Widersprüchen - ganz im Gegenteil soll versucht werden, so einfach wie möglich zu erklären, wie eine Anwendung der Dialektik auf unsere Problemsituationen möglich wäre, sodass eine mögliche Lösung des Problems sichtbar wird.

Es wurde bereits angedeutet, dass dabei auf ein gewisses Hintergrundwissen und auf die semantische Urteilskraft zurückgegriffen wird, die jeder Mensch insofern besitzt, als er Teilnehmer an einer allgemeinen Praxis der Sprache ist. Diese Praxis ist mehr oder weniger streng rational oder vernünftig, aber wir gehen der Einfachheit halber und um den Rahmen dieser Arbeit nicht sprengen, von einem Menschen aus, der seine Sprache beherrscht, der Begriffe korrekt anwenden kann, der also sehr gut mit semantischer[21] Urteilskraft ausgestattet ist. Wer diese Urteilskraft besitzt, der kann auch mit Widersprüchen als Problemen umgehen, in etwa analog, wie er auch mit anderen Problemklassen umgehen kann. Dieser Mensch löst Widersprüche als Probleme kreativ und rational mit den Mitteln, die er aus seinem Hintergrundwissen bzw. aus seiner Bildung und sprachlich-begrifflichen Kompetenz bezieht.

3.1. Widersprüche als Motor der Dialektik

Widersprüche als Probleme treiben uns dazu an, sie zu lösen, weil ein Problem eine Grenze darstellt, die scheinbar durch das Denken selbst erzeugt ist. Wenn dem so ist, dann darf man fragen, warum das Denken sich in Widersprüche verstrickt und was die Bedingungen dafür sind. Wenn man einen Widerspruch ausgemacht hat, hat man immer ein Problem, mit dem man auf verschiedene Weise umgehen kann, wie bereits erklärt wurde. Den Widerspruch als

---

[21]Semantische Urteilskraft beudeutet hier, dass der Mensch die Fähigkeit besitzt, mit Sprache und Begriffen regelgerecht und reflektiert umzugehen, und dass er auch selbst Begriffsverhältnisse überdenken, korrigieren und etablieren kann. Er kann also beurteilen, wann Begriffe falsch oder ungewöhnlich angewendet werden und er kann darüber hinaus dies auch systematisch kenntlich machen und berichtigen.

„Motor der Dialektik" zu bezeichnen, bedeutet, ihm eine antreibende oder motivierende Kraft zuzuschreiben. Insofern ein Problem uns quasi inhärent zu einer Lösung antreibt und insofern Widersprüche Probleme sind, kann man vom Widerspruch als einem besonderen Problem sprechen, welches uns als geistige Wesen zu seiner Lösung anstachelt. Anders formuliert: Wir wollen Widersprüche vermeiden - und genau das zeigt sich auch in unserer Praxis des Sprechens (nicht nur in der Wissenschaft, sondern auch im Alltag), z.b. durch den Explikationsdruck, wenn wir einen Widerspruch aussprechen. Das meint, wenn jemand etwas Widersprüchliches sagt, bekommt er erhebliche Probleme mit seinen Zuhörern, denn die werden das i.d.R. nicht akzeptieren. Der Sprecher eines Widerspruches hat ein Problem. Die daraus folgenden Fragen wären u.a.: Wie rechtfertigt man es, den Widerspruch auszusprechen? Wie rechtfertigt man es, den Widerspruch zu denken? Dieser Explikations- oder Rechtfertigungsdruck ist Ausdruck unseres Problembewusstseins in Bezug auf den Widerspruch. Weil wir um die Problematik des Widerspruches wissen, versuchen wir ihn nicht zu formulieren, oder ihn im Sinne der Dialektik, wie sie hier verstanden werden soll, als eine Art vorläufiges Zwischenergebnis zu formulieren, welchem eine weitere und komplexere Ausdrucksweise nachfolgt. So wird der Widerspruch zu einem notwendigen Mittel, um begriffliche Spannung, oder rationale Verwirrung zu erzeugen, die durch eine Erweiterung des erzählerischen Kontextes wieder aufgelöst wird. Bleibt die Frage, ob diese Erzähltechnik nun nur ein rhetorisches und oder eben ein logisch notwendiges Mittel ist?

Wenn Widersprüche als Probleme angesehen werden, welche einen Erkenntnisvorgang antreiben können, eben weil Menschen Probleme aus der Welt schaffen wollen, eben weil mit einem Widerspruch als solchem ein Umgang nur schwer möglich ist, dann beschränkt sich unsere Frage auf eine Strategie der Problemlösung. Da unsere Wirklichkeit uns immer begrifflich und also geistig vermittelt gegenüber steht, auch wenn sie noch so unmittelbar sinnlich erscheint, ist auch der ausgesprochene Widerspruch stets ein Problem der Theorie und Erzähl- oder Vortragsweise. Der reale Widerspruch „in der Welt" muss ja nur richtig beschrieben, nicht erzählerisch umgangen oder aufgelöst werden, aber das ist nicht das hier zu lösende Problem.

Der Widerspruch als „Motor der Dialektik" treibt die geistige Explikationsbewegung voran, weil ein solcher Widerspruch, wie er z.B. zwischen „Sein" und „Nichts" bei Hegel beschrieben wird, nicht ohne weiteren Kontext verstanden werden kann. Aber verstanden werden können soll der Text als Ganzes sehr wohl und damit an dieser Stelle kein Widerspruch zwischen einem Teil des Werkes und seinem Anspruch als Ganzem sich manifestiert, muss weiter erzählt und weiter expliziert werden. Bis eben die Idee des Ganzen und dessen komplexe Strukturen jeden Teil an eine Stelle im System des Ganzen gestellt hat, sodass es bei korrektem Verständnis der Sache keine echten Widersprüche gibt. Freilich kann im beschränkten Rahmen dieser Arbeit jener Anspruch nicht auf seine Realisierung hin überprüft oder beurteilt werden, auch bleibt die Frage offen, ob das überhaupt möglich ist, denn das würde davon abhängen, ob man überhaupt eine korrekte logische Übersetzung des Werkes der Hegel'schen Logik verfügbar hätte und was das bedeuten soll.

3.2. Formen und Praxen der Integration von Widersprüchen

Wenn man darüber nachdenkt, wie wir Widersprüche integrieren können, denken wir darüber nach, wie wir mit ihnen umgehen können. Widersprüche im Handeln oder im Denken zu ignorieren, steht außer Frage, weil wir Widersprüche als lösbare Probleme erfassen wollen. Wenn man ein Problem ignoriert, dann ist es entweder nie ein drängendes Problem gewesen, oder wir haben uns mit dessen Dasein abgefunden und streben eine Lösung aus verschiedenen Gründen vielleicht gar nicht erst an.

Lösen können wir Widersprüche als Probleme, indem wir das problematische an ihnen auf eine bestimmte Weise auflösen, was ja nun schon hinreichend oft skizziert wurde. Das Problem war zumeist ein Orientierungsproblem, welches sich so darstellte, dass z.B. zwei Aussagen oder Urteile sich auf einen Geltungsbereich beziehen, auf den sie sich nicht gemeinsam beziehen können, ohne einen Widerspruch zu erzeugen. Die Lösung ist, diesen Geltungsbereich mit begrifflichen Strukturen und Inferenzen anzureichern, sodass der Sinn der Einzelaussagen oder -urteile erhalten bleibt, ohne dass ein Widerspruch entsteht. Man kann den Widerspruch als vorläufigen kenntlich machen und ihn später in der „Zeit" oder eben im Textfluss aufheben - oder man kann die Aussagen, Urteile, Begriffe so im „Raum" oder eben im Textkorpus topisch anordnen, dass der Widerspruch auf diese Weise nicht evident wird.

Durch diese Integration oder Einarbeitung des Widerspruches in einen theoretischen Kontext lösen wir seine Struktur als Problem durch die Einordnung der widersprüchlichen Aussagen in ein System. So entsteht eine komplexere Textstruktur als die, die den Widerspruch zunächst erzeugte, welche durch einen Verweis auf ihre Totalität, oder genauer, durch einen Verweis auf den „Ort" und die „Zeit" der vermeintlich widersprüchlichen Aussagen in ihrem Ganzen, auflöst. Der Widerspruch ist demnach nur echt und weiterhin problematisch, wenn er in der Gesamtheit des Textkörpers als echt nachzuweisen ist. Hier artikuliert sich das Problem des hermeneutischen Zirkels.

Man kann hier kritisch einwenden, dass man so doch alle möglichen Reihungen von unverständlichen Widersprüchen formulieren und rechtfertigen darf. Das ist ein wissenschaftstheoretisches Problem und ein damit verbundener Vorwurf, der oft in Richtung Hegel gemacht wird, aber stichhaltig ist das natürlich nicht, denn die Arbeit und Mühe der Prüfung der Konsistenz des Werkes muss der Kritiker schon auf sich nehmen und hat er dies getan, kann er die Fehler und Widersprüche auch klar benennen und im Systemganzen verorten. Hegels dunkle, schwere und zuweilen auch äußerst kreative Sprache und Gedankenführung machen das allerdings zu einer theoretischen Herkulesaufgabe.

Widersprüche als Probleme, mit denen man auf diese Weise umgehen kann, werden permanent und systematisch verschoben und in einen größeren Sinn- und Erklärungszusammenhang integriert, was eine komplexe und andauernde Tätigkeit des theoretischen und zuweilen auch praktischen Problemlösens darstellt. Vielleicht ist das die Tätigkeit und Praxis des denkenden und problemlösenden Menschen in rationalen und vernünftigen Gemeinschaften schlechthin? Da wo der Mensch nicht bereits Ordnung im Denken und Tun und konsistente Erklärungszusammenhänge und Theorie verfügbar hat, wird er sie durch Integration von Widersprüchen und durch das mannigfaltige Erzeugen von neuem Wissen noch erschaffen. So bereichert er theoretisch und praktisch (problemlösend) seinen Geist und den seines Umfeldes und seiner Mitmenschen mit Lösungsstrategien, auch und im Kontext dieser Arbeit für Widersprüche als Probleme. Widersprüche wären in diesem Sinne kooperativ lösbare Probleme.

Zusammenfassung und Schluss

Es ist gelungen, über verschiedene Arten und Erscheinungsweisen von Widersprüchen zu reflektieren und diese als Probleme darzustellen. Das ist freilich nur recht skizzenhaft und im beschränkten Rahmen dieser Arbeit geschehen, weshalb einige Situationen herausgegriffen und bearbeitet wurden. Die direkte und unmittelbare Arbeitsweise, die hier angestrebt war, hatte dabei den Nachteil, dass nicht eine breite unterstützende Sekundärliteratur herbeizitiert werden konnte, was es aber ermöglichte, einen eigenen Reflexionsversuch zu ermöglichen, der die Problematik des Widerspruchs aus verschiedenen Perspektiven beleuchtet und in einer Lösungsstrategie verbindet. Es konnten so einige Stationen dargestellt werden, in welchen verschiedene Widersprüche zu Problemen führen, welche zumeist als Kooperations-, Explikations- oder Verständnisprobleme identifiziert werden konnten. Die verschiedenen Probleme, welche durch Widersprüche erzeugt werden, wurden erörtert und die spezifischen

Schwierigkeiten, die man im Umgang mit ihnen haben kann, wurden situationsspezifisch beschrieben. Die Situationen in denen die Widersprüche aufgetaucht sind, als auch die Lösungsversuche, können als paradigmatisch gelten, d.h. man kann sich beliebig viele ähnliche Situationen denken, auf welche man dann die „dialektische Integration" anwenden könnte. Der Rückgriff auf den Hegel'schen Widerspruch von „Sein" und „Nichts" diente zum einen dazu, einen speziellen Widerspruch aus der philosophischen Literatur zu veranschaulichen, zum anderen ist dieser mit dem Konzept oder der Idee der „dialektischen Integration" bearbeitet wurden, weil Hegels Logik eben genau als eine Explikation dieses Prinzips gedeutet werden soll. Es wurde außerdem skizziert, wie aus einem Hintergrundwissen, dass wir als Teilnehmer an den rationalen Praxen des Menschen und an der Institution der Sprache Widersprüche als Probleme lösen können, eben indem wir den Kontext ins Auge fassen, der den Widerspruch umgibt, um ihn unter Einbezug von weiteren Erklärungen in einen theoretischen Kontext zu integrieren. Hegels Vorgehensweise, die zu diesem Zweck kurz beschrieben wurde, wie man sie in der Logik und auch schon in der Phänomenologie des Geistes findet, war die Vorlage und die Inspiration zu dieser Arbeit. Zum Lösen von Widersprüchen der verschiedenen Arten braucht es semantische, formale und praktische Urteilskraft, welche durch die Erfahrungen und Übungen im Lösen dieser Probleme anwächst. Es bleibt zu hoffen, dass trotz des teilweise recht abstrakt gebliebenen Reflexionsversuches einige Probleme mit Widersprüchen und mit den zugehörigen „Lösungsstrategien" erhellt werden konnten. Hausarbeiten mit vielen Quellen und reichlich Querverweisen und Fußnoten habe ich bereits viele geschrieben, darum hat mir diese besondere Arbeit große Abwechslung und Freude bereitet und ich hoffe, dass davon auch der Leser ein wenig profitiert. Auf jeden Fall hat diese Arbeit auch dafür gesorgt, dass reichlich neue Probleme und Fragen aufgeworfen wurden. So könnte man in einer weiteren Arbeit der Frage nachgehen, was nun eigentlich „notwendig" bei Hegel heißen könnte, wenn es nicht ein strenges und logisches „notwendig", aber eben auch kein arbiträres „so, oder anderes" bedeuten soll?

Literaturliste

G.W.F. Hegel, Wissenschaft der Logik, suhrkamp taschenbuch wissenschaft, 1986

G.W.F. Hegel, Phänomenologie des Geistes, suhrkamp taschenbuch wissenschaft, 1986

Pirmin Stekeler-Weithofer, Philosophie des Selbstbewusstseins – Hegels System als Formanalyse von Wissen und Autonomie, suhrkamp taschenbuch wissenschaft, 2005

Robert B. Brandom, Eine Einführung in den Inferenzialismus, Suhrkamp 2001

Charles Taylor, Hegel, suhrkamp taschenbuch wissenschaft, 1983

Gerhard Gamm, Eine Einführung in die Philosophie von Fichte, Hegel und Schelling, 1997

Hegels Erbe, Hsg.: Christoph Halbig, Michael Quante und Ludwig Siep, suhrkamp taschenbuch wissenschaft, 2004

BEI GRIN MACHT SICH IHR WISSEN BEZAHLT